VENTE DU LUNDI 24 FÉVRIER 1890

HOTEL DROUOT, SALLE N° 4, A 2 HEURES

AQUARELLES

ET DESSINS

TABLEAUX

ANCIENS ET MODERNES

GRAVURES, CADRES, ETC.

EXPOSITION PUBLIQUE

LE DIMANCHE 23 FÉVRIER 1890

De une heure à cinq heures et demie.

COMMISSAIRE-PRISEUR	EXPERT
Me Maurice **DELESTRE**	M. Eug. **FÉRAL**, peintre
27, rue Drouot.	rue du Faub.-Montmartre, 54.

IMPRIMERIE D. DUMOULIN ET Cie

Rue des Grands-Augustins, 5, à Paris.

AQUARELLES ET DESSINS

TABLEAUX

IMPRIMERIE D. DUMOULIN ET Cie

Rue des Grands-Augustins, 5, à Paris.

CATALOGUE

D'AQUARELLES ET DESSINS

ANCIENS ET MODERNES

ŒUVRES DE

BARBOT, COROT, COIGNET, DEBUCOURT, DECAMPS
FLERS, HUBERT
LAFOSSE, L. MOREAU, NOEL, PERNOT, J. VERNET, ETC

60 AQUARELLES PAR V.-J. NICOLLE

TABLEAUX

PAR DAUBIGNY, JUSTIN OUVRIÉ, SWEBACH, TAUNAY, ETC.

GRAVURES ANCIENNES, CADRES DORÉS

DONT LA VENTE AURA LIEU

HOTEL DROUOT, SALLE N° 4

Le Lundi 24 Février 1890, à deux heures.

COMMISSAIRE-PRISEUR	EXPERT
Me MAURICE DELESTRE	M. EUG. FÉRAL, peintre
27, rue Drouot.	rue du faubourg Montmartre. 54

Chez lesquels se trouve le présent Catalogue.

EXPOSITION PUBLIQUE : le Dimanche 23 Février 1890

De une heure à cinq heures et demie.

CONDITIONS DE LA VENTE

La vente sera faite au comptant.

Les acquéreurs payeront cinq pour cent en sus des en-
chères.

DÉSIGNATION

TABLEAUX

1 — **Daubigny**. — Paysage. — Toile.

2 — **Ouvrié** (Justin).—Vue de Schaffhouse.—Carton.

3 — **Ouvrié** (J.). — Vue du marché aux poissons, à Anvers. — Carton.

4 — **Swebach**. — Soldat étrillant son cheval devant une auberge. — Toile.

5 — **Swebach**. — Paysage avec chasseurs. — Toile.

6 — **Taunay**. — La rixe. — Panneau.

7 — **Taunay** (Attribué à). — Le marchand d'orviétan. — Panneau.

8 — **Taunay** (Attribué à). — Le Charlatan. — Panneau.

9 -- **École moderne.** — Paysage. — Bœuf et moutons conduits par un berger et traversant un bras de rivière. — Carton.

AQUARELLES ET DESSINS

10 — **Barbot.** — Vue de Damiette, novembre 1851. — Dessin à la mine de plomb.

11 — **Barbot.** — Faubourg d'Alger. — Dessin à la mine de plomb.

12 — **Barbot.** — Types et vues prises au Caire. — Dessin à la mine de plomb et aquarelle.

13 — **Barbot.** — Temple d'Ibsamboul (Nubie). — Aquarelle, 1853.

14 — **Barbot.** — Village de Kaffra (Égypte). — Dessin à la mine de plomb.

15 — **Barbot.** — Hutte de Fellah, près du vieux Caire. — Dessin mine de plomb et aquarelle.

16 — **Barbot.** — Au Caire. — Dessin mine de plomb et aquarelle.

17 — **Barbot.** — Bateaux faisant les transports du Nil. — Deux dessins, mine de plomb et aquarelle.

18 — **Barbot.** — Vue de Lesbhé, près de Damiette, 7 novembre 1851. — Dessin à la mine de plomb.

19 — **Barbot.** — Vue d'Égypte. — Dessin à la mine de plomb.

20 — **Barbot.** — Environ du Caire. — Dessin à la mine de plomb.

21 — **Barbot.** — Vue des environs du Caire. — Dessin à la mine de plomb.

22 — **Barbot.** — Vue de Mingols (Égypte), 1847. — Dessin à la mine de plomb et aquarelle.

23 — **Barbot.** — Vue de Giseh (Égypte). — Dessin à la mine de plomb.

24 — **Barbot.** — Sous les palmiers. — Environs du Caire. — Dessin à la mine de plomb.

25 — **Barbot.** — Vue de la mosquée El Hakin, au Caire. — Dessin à la mine de plomb et aquarelle.

26 — **Barbot.** — Une fontaine aux portes du Caire, 1848. — Dessin à la mine de plomb et aquarelle.

27 — **Barbot.** — Souvenir des Tombeaux des Califes. Caire 1848. — Dessin à la mine de plomb avec apuarelle.

28 — **Barbot.** — Environs du Caire. — 1848 — Dessin au crayon mine de plomb.

29 — **Barbot.** — Environs du Caire. — Dessin à la mine de plomb.

30 — **Barbot.** — Environs du Caire. — Dessin à la mine de plomb et aquarelle.

31 — **Barbot.** — Halte devant les Pyramides d'Égypte. — Dessin à la mine de plomb.

32 — **Barbot.** — Halte de pêcheurs. — Dessin à la mine de plomb.

33 — **Barbot.** — Vue de Suez. — 1848. — Croquis à la mine de plomb.

34 — **Barbot.** — Vue de Gizeh. — Égypte. — Dessin à la mine de plomb.

35 — **Barry** (DE). — Portrait de l'impératrice Eugénie. — Dessin au crayon noir.

36 — **Barry** (DE). — Autre portrait de l'impératrice Eugénie. — Dessin au crayon noir.

37 — **Barry** (DE). — Portrait de l'empereur Napoléon III. — Dessin au crayon noir.

38 — **Barry** (DE). — Portrait du Prince impérial. — Dessin au crayon noir.

39 — **Béraud** (ANTOINE). — Paysage au bord d'une rivière. — Dessin à la plume — 1758.

40 — **Blanchard**. — Paysage sur les bords du lac du Bourget, Savoie. — Dessin à la mine de plomb.

41 — **Bruellé** (G.). — Vue du port de Granville. — Aquarelle.

42 — **Bruellé** (G.). — Vue de l'entrée du port du Havre, à la haute mer. — Aquarelle.

43 — **Bruellé** (G.). — Vue d'Algérie. — Aquarelle.

44 — **Choquet**. — Trois dessins à la sépia.

45 — **Coignet** (J.). — Étude de paysage. — Dessin à la mine de plomb.

46 — **Coignet** (J.). — Paysage corse. — Dessin à la mine de plomb.

47 — **Coignet** (J.). — Le Passage du gué. — Dessin à la mine de plomb.

48 — **Coignet** (J.). — Ruines et rivière. — Étude. — Dessin à la mine de plomb.

49 — **Constantin** (Auguste). — Pleine mer. — Effet de nuit. — Aquarelle.

50 — **Corot**. — Environs du Mont Valérien. — Dessin à la mine de plomb. — 1861.

51 — **David** (Jules). — Jeune femme en toilette de bal. — Aquarelle.

52 — **Debucourt**. — Collin-Maillard. — Dessin à l'encre de Chine.

53 — **Decamps**. — Les plaisirs de la chasse. — Aquarelle.

54 — **Decamps**. — Marine. — Fusain.

55 — **Decamps**. — Paysage. — Fusain.

56 — **Decamps**. — Vue de la forêt de Fontainebleau. Vue du canal, à Nemours. — Deux dessins à la mine de plomb.

57 — **Decamps**. — Environs de Nemours. — Quatre dessins à la mine de plomb.

58 — **Decamps**. — La rivière noire, à Nemours. Ferme aux environs de Nemours. — Deux dessins à la mine de plomb.

59 — **Decamps**. — Environs de Nemours. — Deux dessins à la mine de plomb.

60 — **Decamps**. — Etudes, à Nemours. — Quatre dessins à la mine de plomb.

61 — **Decamps**. — Marine. — Fusain.

62 — **Decamps**. — Joueur de cornemuse. — Etude à la mine de plomb.

63 — **Decamps**. — Etude. — Dessin à la mine de plomb.

64 — **Delaval**. — Paysage. — Aquarelle.

65 — **Diday**. — Paysage dans les Pyrénées. — Dessin à la mine de plomb.

66 — **Dumony** (1818). — Vue du château d'Ecorchebœuf. (Seine-Inférieure). — Dessin à l'encre de Chine.

67 — **Dumony**. — Paysage. — Dessin à la sépia.

68 — **Eraud**. — Pont coupé pendant la guerre de 1870. — Aquarelle (1871).

69 — **Eraud**. — Paysage en Algérie. — Gouache.

70 — **Flers**. — Ile Guillemette, près Asnières. — Dessin à la mine de plomb.

71 — **Flers**. — Paysage. — Dessin à la mine de plomb.

72 — **Flers**. — Environs d'Aumale. — Dessin à la mine de plomb.

73 — **Flers**. — Paysage. — Dessin à la mine de plomb.

74 — **Flers**. — Paysage maritime. — Dessin à la mine de plomb.

75 — **Goltzius**. — Sujet allégorique. — Dessin à la plume.

76 — **Hubert**. — Etude de paysage. — Dessin à la mine de plomb.

77 — **Hubert**. — Etude de paysage. — Dessin à la mine de plomb.

78 — **Hubert**. — Paysage. — Dessin à la mine de plomb.

79 — **Hubert**. — Bords de rivière, la maison du pêcheur. — Dessin à la mine de plomb.

80 — **Hubert**. — Bords de rivière. — Dessin à la mine de plomb.

81 — **Hubert**. — Etude d'arbres. — Dessin à la mine de plomb.

82 — **Hubert**. — Ancien pont. — Dessin à la mine de plomb.

83 — **Hubert**. — Paysage suisse. — Dessin à la mine de plomb.

84 — **Hubert**. — Etude d'arbre. — Dessin à la mine de plomb.

85 — **Hubert**. — Chaumière sur lisière de forêt. — Dessin à la mine de plomb.

86 — **Hubert**. — Le Moulin. — Dessin à la mine de plomb.

87 — **Hubert.** — Entrée de village, en Normandie. — Dessin à la mine de plomb.

88 — **Hubert.** — Maisons au bord de l'eau, en Normandie. — Dessin à la mine de plomb.

89 — **Hubert.** — Entrée d'une ferme, en Normandie. — Dessin à la mine de plomb.

90 — **Hubert.** — Village de Normandie, le petit pont. — Dessin à la mine de plomb.

91 — **Hubert.** — Un Marché en Normandie. — Dessin à la mine de plomb.

92 — **Hubert.** — Lisière de forêt. — Dessin à la mine de plomb.

93 — **Hubert.** — Ruine d'une abbaye. — Dessin à la mine de plomb.

94 — **Hubert.** — Vue du château de X... — Dessin à la mine de plomb.

95 — **Hubert.** — Ruine du château de M... — Dessin à la mine de plomb.

96 — **Jacque** (CHARLES). — Etude. — Dessin à la mine de plomb.

97 — **Lafosse** (G.). — La Dormeuse. — Dessin au crayon noir.

98 — **Lafosse.** — C'est un garçon ! Vive la République !
— Dessin à la mine de plomb.

99 — **Lafosse.** — Le Dragon blessé — Dessin à la mine
de plomb.

100 — **Lafosse.** — La Vivandière. — Dessin à la mine
de plomb.

101 — **Lafosse** (1831). — Le Cheval malade. — Dessin
au crayon noir.

102 — **Lafosse.** — Année 1814. Derrière une barricade. — Dessin mine de plomb et crayon noir.

103 — **Lafosse.** — Soldats au cabaret. — Dessin au
crayon noir.

105 — **Lafosse.** — Scène de 1870 : la soupe le matin,
pendant le siège de Paris. — Croquis à la plume.

106 — **Lafosse.** — Type breton, homme. — Dessin au
crayon noir.

107 — Type breton, homme. — Dessin à la mine de
plomb.

108 — Type breton, homme. — Dessin au crayon
noir.

109 — Type breton, homme. — Dessin au crayon
noir.

110 — Type breton, homme couché. — Dessin au
crayon noir.

111 — **Lafosse.** — Type breton, femme. — Dessin au
crayon noir.

112 — Type breton, homme. — Dessin au crayon
noir.

113 — **Lafosse.** — Projet pour servir de titre au jour-
nal *le Tintamarre*. Avec lettre de Lafosse à son
ami Bienvenu sur le sujet du Titre. — Dessin à la
plume.

114 — **Lafosse.** — Pour une revue théâtrale. — Croquis à la plume.

115 — **Lafosse.** — Pour une revue théâtrale. — Croquis à la plume.

116 — **Le Carpentier** (C.). — Vue de Villequier, près
Caudebec. — Soleil couchant. — Aquarelle.

117 — **Lépicié.** — Types de paysans. — Aquarelle.

118 — **Moreau** (L.). — Paysage de forme ronde. —
Aquarelle gouachée.

119 — **Moreau** (L.) — Le Moulin. — Aquarelle gouachée.

120 — Paysage et château au bord d'un cours d'eau.—
Gouache.

121 — Paysage avec personnages. — Gouache.

122 — **Moreau.** — Vue de l'Hôtel des Invalides. — Dessin à la mine de plomb.

123 — **Moreau.** — Même motif que le numéro précédent. Vue d'un autre côté. — Dessin à la mine de plomb.

124 — **Masson** (FRÉDÉRIC). — Le plaisir n'est pas toujours du côté du chasseur. — Aquarelle.

125 — **Nicolle** (V.-J.). — Intérieur d'église. — Aquarelle.

126 — **Nicolle.** — Vue de la Place et de la Colonne Antoine. (Rome). — Aquarelle.

127 — **Nicolle.** — Vue de la fontaine de la Place Ste-Marie et du Temple du Soleil. (Rome). — Aquarelle.

128 — **Nicolle.** — Vue du Pont-Neuf et de l'Hôtel de la Monnaie (Paris). — Aquarelle.

129 — **Nicolle.** — Intérieur d'un palais occupé par un tonnelier. — Gouache.

130 — **Nicolle.** — Vue des églises Ste-Sabine et de St-Alexis, situées sur le mont Aventin (Rome). — Aquarelle.

131 — **Nicolle.** — Vue de la pointe du Mont Pausilippe prise du quai Mergellina, à Naples. — Aquarelle.

132 — **Nicolle.** — Intérieur, avec oratoire. — Sépia.

133 — **Nicolle.** — Vue de la campagne (Rome). — Aquarelle.

134 — **Nicolle.** —Vue du Capitole, à Rome. — Aquarelle.

135 — **Nicolle.** — Ruines des Thermes. — Aquarelle.

136 — **Nicolle.** — Ruines. Rome. — Aquarelle.

137 — **Nicolle.** — Port de Naples. — Aquarelle.

138 — **Nicolle.** — Ruines Romaines. — Aquarelle.

139 — **Nicolle** — Vue de la Porte du Temple et de l'Église de la Madone (Rome). —Aquarelle.

140 — **Nicolle.** — Vue du Temple de la Fortune (Rome). — Aquarelle.

141 — **Nicolle.** — Intérieur d'un Temple — Aquarelle.

142 — **Nicolle.** — Musiciens devant l'image de la Madone. — Aquarelle.

143 — **Nicolle.** — Vue prise près Sainte-Marie (Formose. — Venise). — Aquarelle.

144 — **Nicolle.** — Pont et palais monumental. — Aquarelle.

145 — **Nicolle.**—Intérieur avec oratoire.—Aquarelle.

146 — **Nicolle.** — Grotte en ruine, aux environs de Rome. — Aquarelle.

147 — **Nicolle.** — Vue de Rome antique. — Dessin à la plume.

148 — **Nicolle.** — Chapelle à la Madone. — Aquarelle.

149 — **Nicolle.** — Chapelle à la Madone. — Aquarelle.

150 — **Nicolle.** — Fleurs de la Fortune (Rome). — Aquarelle.

151 — **Nicolle.** — Une Rue de Rome. — Aquarelle.

152 — **Nicolle.** — Vue du Pont conduisant à l'Église de la Charité (Venise). — Aquarelle.

153 — **Nicolle.** — Vue des ruines du Temple du Soleil (Rome). — Aquarelle.

154 — **Nicolle.** — Vue de l'Entrée de Venise du côté de Fusine. — Aquarelle.

155 — **Nicolle.** — Vue des monts de la Trinité. — Sépia.

156 — **Nicolle.** — Vue de San-Sisto, près de la porte Latine. — Sépia.

157 — **Nicolle**. — Vue de l'amphithéâtre de Flavius dit Colisée (Rome). — Aquarelle.

158 — **Nicolle**. — Vue de l'église Saint-Pierre (Rome). — Aquarelle.

159 — **Nicolle**. — Entrée d'un Parc. — Maison avec tour ronde. — Aquarelle.

160 — **Nicolle**. — Vue du Palais du Vatican (Rome).

161 — **Nicolle**. — Vue du Temple de Vesta prise du bord du Tibre (Rome). — Aquarelle.

162 — **Nicolle**. — Vue du Château Saint-Ange (Rome). Aquarelle.

163 — **Nicolle**. — Vue de la Casa Bianca. (Naples). — Aquarelle.

164 — **Nicolle**. — Vue du Temple de la Sibylle Tiburtine. (Rome). — Aquarelle.

165 — **Nicolle**. — Vue du Palais Farnèse. (Rome). — Aquarelle.

166 — **Nicolle**. — Vue du château de l'Œuf et du Mont Pausilippe. (Naples). — Aquarelle.

167 — **Nicolle**. — Vue de Venise en venant de Chioggia. — Aquarelle.

168 — **Nicolle**. — Vue de l'Aqueduc. — Aquarelle.

169 — **Nicolle**. — Vue d'Italie. — Aquarelle.

170 — **Nicolle.** — Vue de la fontaine Montanari et du théâtre Marcellus. (Rome). — Aquarelle.

171 — **Nicolle.** — Vue de l'église de Saint-Pierre In-vincoli, sur le Mont Esquilin. (Rome). —Aquarelle.

172 — **Nicolle.** — Vue (Rome). — Aquarelle.

173 — **Nicolle.** — Vue du château Saint Ange. (Rome). — Aquarelle.

174 — **Nicolle.** — Vue d'une partie du palais des Etudes. (Naples). — Aquarelle.

175 — **Nicolle.** — Vue des Salines, au bord du Tibre. (Rome). — Aquarelle.

176 — **Nicolle.** — Vue d'un monument (Rome). — Aquarelle.

177 — **Nicolle.** — Vue de l'église Sainte Marie, vieille chapelle (Naples). — Aquarelle.

178 — **Nicolle.** — Vue de l'arc de Septime Sévère situé au pied du Capitole (Rome). — Aquarelle.

179 — **Nicolle.** — Vue de monuments de Rome. — Aquarelle.

180 — **Nicolle.** —Vue de la place Torcello, dans une île des lagunes de Venise. — Aquarelle.

181 — **Nicolle.** — Vue des ruines de la Basilique du Forum de Nerva et du temple de Pallas (Rome). — Aquarelle.

182 — **Nicolle.** — Vue de la campagne aux environs de Rome. — Aquarelle.

183 — **Noël** (H.) — Paysage sous bois. — Aquarelle.

184 — **Noël** (H.) — Le moulin de Samois, le 29 mars 1868. — Avant la guerre de 1870. — Aquarelles.

185 — **Noël** (H). — Vue de la cathédrale du Puy. (Haute-Loire). — Dessin à la mine de plomb.

186 — **Noël** (H.) — Etude de rocher, à Nemours. — Dessin à la mine de plomb.

187 — **Noël** (H). Paysages. — **Deux dessins à la** mine de plomb.

188 — **Noël** (H). — Etude d'oiseaux. — Aquarelle datée 12 novembre 1869.

189 — **Noël** (H). — Paysage au bord de l'eau. — Dessin à la mine de plomb, daté mars 1853.

190 — **Noël** (H.). — Paysage. — [Dessin à la plume. — 1874.

191 — **Pasquiéri.** — Évenements de 1848 : Barricade de la rue Bichat. Incendie de la maison d'angle du faubourg du Temple et de la rue Fontaine-au-Roi. — Aquarelle.

192 — **Pelletier** (L.). — Paysage sous bois. — Dessin à la mine de plomb.

193 — **Pelletier** (L.). — Vue d'une vieille maison à Royat (Puy-de-Dôme), 13 septembre 1853. — Dessin à la mine de plomb.

194 — **Pelletier** (L.). — Royat (Puy-de-Dôme). 15 et 18 septembre 1853. — Dessin à la mine de plomb.

195 — **Pelletier** (L.). — Saule au bord de l'eau. — Fusain.

196 — **Pelletier** (L.). — La Mer. — Dessin à la mine de plomb.

197 — **Pelletier** (L.). — Paysage. Juillet 1845. — Dessin à la mine de plomb.

198 — **Pelletier** (L.). — Paysage. 11 septembre 1843. Dessin à la mine de plomb.

199 — **Pelletier** (L.). — Paysage. Le Moulin. Juillet 1846. — Dessin à la mine de plomb.

200 — **Pelletier** (L.). — Paysage. Suisse. — Fusain.

201 — **Pelletier** (L.). — Vue à Sierck. 15 octobre 1846. — Dessin à la mine de plomb.

202 — **Pérignon.** — Vue du château de X....., au bord de la Loire. — Aquarelle.

203 — **Pernet.** — Ruines romaines. — Aquarelle.

204 — **Pillement.** — Un Dessin.

205 — **Porbus** (F.). — Sujet allégorique. — Dessin à l'encre de Chine.

206 — **Rembrandt.** — Esquisse, à la plume.

207 — **Robert-Hubert**. — Ruines. — Dessin à la mine de plomb.

208 — **Sutter**. — Environs d'Hyères. — Barbizon. — Plateau de la Belle-Croix, à Fontainebleau. — La Belle croix. — Quatre dessins à la mine de plomb.

209 — **Sutter**. — Les bords du Rhône. — Dessin à la plume.

210 — **Sutter**. -- Villa. — Dessin à la plume.

211 — **Sutter**. — Vue de Naples. — Dessin à la plume.

212 — **Sutter**. — Couvent di Santa Trinita della Cava. — Dessin à la plume.

213 — **Sutter**. — Environs de Palerme. — Dessin à la plume.

214 — **Sutter**. — Villafranca. — Dessin à la plume.

215 — **Sutter**. — Baia, près de Naples, 1863. — Dessin à la plume.

216 — **Sutter**. — Une rue à Montmartre. — Dessin à la plume.

217 — **Sutter**. — Baia. — Dessin à la plume.

218 — **Sutter**. — Le Temple d'Isis. — Ruines. — Pompeia. — Deux dessins à la plume.

219 — **Sutter**. — Vue de Villequier. — Dessin à la plume.

220 — **Sutter**. — Vue de l'Etna. — Dessin à la plume.

221 — **Sutter**. — Vue de Villequier et de Caudebec. — Dessin à la plume.

222 — **Sutter**. — Château de Bayard. — Dessin à la plume.

223 — **Sutter** et **P. Marsan**. — Vue du château de Barbe-Bleue. — Dessin à la plume, daté 1867.

224 — **Sutter**. — Vue de Cannes. — Dessin à la plume.

225 — **Sutter**. — Pont-Audemer. — Dessin à la mine de plomb, daté 1841.

226 — **Sutter**. — Vue des environs de Genève. — Dessin à la mine de plomb, daté 1841.

227 — **Sutter**. — Étude de rochers à Fontainebleau. Dessin à la plume, daté 1863.

228 — **Sutter**. — Vue prise dans le bois de Boulogne. Dessin à la plume.

229 — **Sutter**. — Grotte de Polyphème (Sicile). — Dessin à la mine de plomb, daté 1863.

230 — **Sutter**. — Vue d'Argenteuil. — Dessin à la mine de plomb.

231 — **Sutter**. — Saint-Maurice. — Dessin à la plume, daté 1859.

232 — **Sutter**. — Plaine d'Argenteuil. — Dessin à la mine de plomb.

233 — **Sutter**. — Étude de rochers. — Dessin à la plume.

234 — **Sutter**. — Bords de la Seine, à Issy. — Dessin à la plume, daté 1861.

235 — **Sutter**. — Paysage. — Dessin à la mine de plomb.

236 — **Sutter**. — Effet de mer et falaises. — Dessin à la plume.

237 — **Sutter et de Villerose**. — Vue de Bas-Meudon prise de saint-Cloud. Dessin à la mine de plomb

238 — **Sutter**. — Paysage. — Dessin à la plume.

239 — **Sutter**. — Route de Saint-Aubin. — Dessin à la mine de plomb.

240 — **Sutter**. — Environs d'Yvetot. — Dessin à la mine de plomb.

241 — **Sutter**. — Plaine de Suresne (1861). — Dessin à la mine de plomb.

242 — **Sutter**. — Vue de Dieppe, prise de la route d'Arques, en 1864. — Dessin à la plume.

243 — **Sutter**. — Les bords de l'Arno, à Florence. — Dessin à la plume.

244 — **Sutter**. — Paysage italien. — Dessin à la plume.

245 — **Sutter**. — Vue de Villequier. — Dessin à la plume.

246 — **Sutter** — Environs de Nemours. — Deux dessins à la mine de plomb.

247 — **Sutter**. — Environs de Nice. — Dessin à la plume.

248 — **Sutter**. — Barbizon. — Dessin à la mine de plomb.

249 — **Sutter**. — Mont-Viso (Turin). — Dessin à la plume.

250 — **Sutter**. — Trouville (1851). — Dessin à la mine de plomb.

251 — **Sutter**. — Caudebec. — Dessin à la plume.

252 — **Swebach**. — Le Lancier. — Aquarelle.

253 — **Vallou**. — Etude de femme italienne. — Gouache.

254 — **Veiroter**. — Paysage. — Dessin à la mine de plomb.

255 — **Veiroter**. — Guignol. — Fusain.

256 — **Vernet** (J.) — Le naufrage. — Gouache sur parchemin.

257 — **Vernet** (J.) — Etude de soldats. — Dessin à la mine de plomb.

258 — **Wissant.** — Siège de Paris 1870. — La redoute de Châtillon. — Aquarelle.

259 — **Wissant.** — Siège de Paris 1870. La batterie de Meudon. — Aquarelle.

260 — Une chanteuse. — Aquarelle.

261 — Paysage hollandais. — Aquarelle gouachée (1731).

262 — Paysage avec personnages. — Gouache.

263 — Sujet allégorique. — Sépia.

264 — Paysage au bord d'une rivière.

265 — Dessin à la mine de plomb.

266 — Types arabes. — Dessin au crayon rouge.

267 — Deux dessins au crayon rouge.

268 — Vue d'une place publique. (Italie). — Dessin à la plume.

269 — Femme normande. — Fusain.

270 — Type de femme normande. — Fusain.

271 — Type de femme normande. — Fusain.

272 — Bord d'un lac, en Suisse. — Aquarelle.

273 — Paysage. — Dessin à la plume.

274 — Paysage. — Dessin à la plume.

275 — Le Bal masqué de l'ancien Opéra. — Gravure
coloriée.

276 — Jésus sous l'arbre du Bien et du Mal. —
Vieille gravure coloriée.

SUPPLÉMENT

TABLEAUX

277 — **Bouquet** (1834). — Portrait de jeune femme.

278   **Fragonard** (H.). — Portrait de jeune homme.

278 *bis* — **Gaillard**. — Portrait d'homme.

279 — **Le Prince** (attribué à). — La Promenade à âne à Montmorency.

280 — **École française**. — Portrait présumé de Victoire de Bavière, dauphine de France.

281 — **Téniers** (École de). — Paysans et Cavaliers, à l'entrée d'un village.

282 — **Verkolje**. — Le Jugement de Pâris.

283 — **Berghem** (d'après). — Animaux à l'abreuvoir. — Gouache.

284 — **Desfriches** (Deux pendants). — Paysages des environs d'Orléans. — Fins dessins, à la mine de plomb, sur papier préparé.

285 — **Finart** (D.). — Cavaliers russes. — Aquarelle.

286 — **Flers.** — Les Chaumières. — Crayon noir.

287 — **Frantz.** — Deux pendants. — Vues d'Orient. — Aquarelle.

288 — **Frantz.** — Plage avec bateaux de pêche. — Aquarelle.

289 — **Gélibert** (JULES). — L'Hallali. — Crayon noir rehaussé de blanc.

290 — **Lalanne** (MAXIME). — Une rue de Grenade. — Mine de plomb rehaussée.

291 — **Lemay.** — Deux pendants. — Sujets de chasse. — Jolies gouaches, d'une finesse remarquable. Signées. — Cadres sculptés.

292 — **Rousseau** (TH.). — Pont en ruine. — Mine de plomb.

293 — **Troyon** (C.). — Saules au bord d'une mare. — Crayon noir.

294 — **Saint-Aubin.** — Paysage avec personnages se disposant à monter dans un carosse. — Mine de plomb. Signé et daté 1775.

295 — **Van Loo.** — Jeune femme peintre. — Sanguine rehaussée de blanc.

296 — **Pandelphi.** — Portrait de jeune femme. — Miniature ovale.

297 — Sous ce numéro qui sera divisé, des dessins et croquis par Gaillard et autres.

GRAVURES ANGLAISES

298 — Escape, — cheval de course. — Gravé en couleur par Dodd, d'après F. Sartorius.

299 — Grey Diomed, — cheval de course. — Gravé en couleur par Dodd, d'après Sartorius.

300 — Sous ce numéro, les objets omis au présent catalogue.

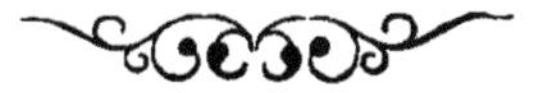